<u>Welcher Typ bist Du?</u>

AF176072

Wie auch du deine Mitmenschen Lesen kannst!

Ein Ratgeber zu den verschiedenen Menschen- Typen, die bereits der berühmte Philosoph Hippokrates von Kos vor über 2000 Jahren entdeckt hatte, von Sascha Linde

Inhaltsverzeichnis:

Vorwort

Schön dass du dich entschieden hast dieses Buch aufzuschlagen. Ich widme dieses Buch meiner Stieftochter, die sich, ebenfalls wie du, für Menschenkenntnis und Psychologische Vorgänge interessiert. Es soll dir dabei helfen die Menschen in deiner Umgebung besser zu verstehen und zu lesen. Hast du dich schon einmal gefragt, warum Menschen tun, was sie tun? Warum der eine immer und immer wieder ausgenutzt wird und der andere in der Lage ist die meisten der Menschen, die er in seinem Umfeld hat, wie Schachfiguren auf einem Brett von A nach B zu bewegen? Weißt du warum die Menschen um dich herum sind, wie sie sind und weshalb einige sich verstehen und andere so ganz und gar nicht zueinander passen?
In diesem Buch wirst du die Antwort auf diese Fragen finden. Du wirst erfahren Welche Menschentypen es gibt, wie du sie Kategorisierst, richtig einordnest und letztendlich, wie du deinen persönlichen Nutzen aus den einzelnen Typen ziehst. Auch du kannst Menschen einfach und schnell lesen und einordnen, das ist ein versprechen. Viele

Verkäufer und Berater nutzen dieses Prinzip um bessere Quoten in ihrem Job zu erzielen. Bevor es nun losgeht, möchte ich noch anmerken, dass die verschiedenen Menschentypen bereits vom griechischen Philosophen Hippokrates von Kos, der ca. zwischen 460 v. Chr. bis ca. 360 v. Chr. gelebt hat, entdeckt wurden. Er war es, der entdeckt hat, dass jeder Mensch in eine von 4 Typen einzuordnen ist und dies hat sich bis Heute immer wieder und von jedem, der um dies wusste, bestätigen lassen.

Der Helfer

Beginnen wir mit dem eher Subdominanten „Helfer"-Typ. Vielleicht kennst du ihn als den Ja-Sager besser und das trifft durchaus zu. Der Helfer ist dann am glücklichsten wenn er jemandem in seiner Umgebung den Tag ein wenig erleichtern konnte. Er ist der Typ, der sich freiwillig meldet, wenn du Hilfe beim Umzug benötigst. Er ist immer als erster zur Stelle und der letzte der geht. Kurz gesagt, der Helfer ist dein bester Freund wenn du tatkräftige Unterstützung brauchst.

Merkmale:

Helfer sind meist sanftmütige, empathische Menschen. Man erkennt sie schon an ihrer Stimme, die mehr zart als hart klingt. Sie fühlen sich in andere Menschen leicht hinein und haben ein feines Gespür für die Stimmung ihres Gegenübers. Sie muntern dich auf wenn du traurig bist, sie beruhigen dich wenn du wütend bist, sie freuen sich mit dir und für dich wenn du glücklich bist und sie pflegen dich Gesund wenn du einmal Krank bist. Der Helfer klopft dir auf die Schulter, wenn du etwas erreicht hast und er baut dich wieder auf, wenn du mal gescheitert bist. Solltest du einmal Sorgen haben, dann ist es der Helfer, der dir sein Ohr leiht und versucht, ob er kann oder nicht, dir weise Ratschläge zu geben oder dir zumindest die Hand zu reichen. Der Wille des Helfers ist es, dass es dir gut geht und du darfst seine Hilfe ganz ohne schlechtes Gewissen in Anspruch nehmen. Er wäre dir eher beleidigt, wenn du sie ablehnst.

Der Helfer hilft dir aber nicht nur in Seelischen Angelegenheiten gerne, sondern auch in jeder anderen Hinsicht. Planst du einen Umzug zum Beispiel, dann bietet er sich schon als Helfer an, bevor du ihn überhaupt fragen kannst. Du kaufst dir ein neues Möbel? Er ist dabei, wenn es darum geht es zu schleppen oder zu transportieren. Du hast Schwierigkeiten mit einer Arbeit für das Büro oder die Schule? Er steht dir mit Rat und Tat zur Seite. Du brauchst Hilfe bei einem größeren Projekt? Er meldet sich freiwillig und da der Helfer immer Freunde von seinem Schlag hat, bringt er diese auch gleich zum helfen mit. Die Liste ist endlos und ich denke du weißt worauf ich hinaus will. Wann immer du Hilfe brauchst, der Helfer ist für dich da.

Helfer erkennst du auch daran dass sie gewisse Eigenheiten haben. Sie sind meist leidenschaftliche Camper bzw. Gärtner in Kleingartenvereinen. Sie finden sich meist in berufen wie Sanitäter, Arzthelfer oder als Hausmeister wieder und gehören oft auch zu Vereinen und Organisationen wie die Freiwillige Feuerwehr oder dem Technischen Hilfswerk. Wenn im Job ein Kollege ausfällt, tut die Firma gut daran einen ihrer Helfer-Typen anzurufen, denn diese sagen mit hoher Gewissheit zu, wenn sie nicht gerade jemand anderem ihre Hilfe versprachen. Dafür verzichtet der Helfer auch gern auf seine eigene Freizeit. Die Schattenseite daran ist die Tatsache, dass dies leider auch oft dazu führt, dass der Helfer auf lange Sicht gerne ausgenutzt wird. Eine weitere Eigenheit ist auch, dass der Helfer zu religiösen Ansichten neigt. Sie setzen sich auch gern für ihre Religion im Auftrag des Guten ein um anderen zu helfen. Sie treten Hilfsorganisationen gerne bei und Unterstützen diese ebenso gerne mit Spenden, wie mit ihren helfenden Händen. Gibt es irgendwo eine Katastrophe in der zur Hilfe aufgerufen wird, wie beim Hochwasser in

Simbach am Inn im Niederbayrischen Rottal-Inn oder im Ahrtal, was nicht ganz soweit in der Vergangenheit liegt, dann fühlt sich der Helfer wortwörtlich berufen, hunderte von Kilometern auf sich zu nehmen um den Opfern der Katastrophe zu helfen. An solchen Orten kann man ein regelrechtes Ansammeln vieler solcher Helfer-Typen beobachten. Eine Tatsache, die den Helfer-Typ ehrt. Gerade Eigenschaften wie diese sind es, auf die Jeder Helfer Stolz sein kann.

Wenn du also ein Helfer bist und dich in den Merkmalen immer wieder selbst erkannt hast, dann darfst du dir jetzt mit Stolz, selbst auf die Schulter klopfen.

Bist du ein Helfer, dann rate ich dir aber auch zur Vorsicht. Achte darauf, dass andere dich nicht mutwillig ausnutzen und deine Hilfe beanspruchen, wenn sie diese nicht benötigen. Du bist kein Laufbursche und viel zu wertvoll um die Drecksarbeit aller anderen zu machen. Achte darauf, dass du denen Hilfst, die deine Hilfe tatsächlich benötigen.

Wenn du kein Helfer bist, dann weißt du jetzt, wenn du einmal Hilfe brauchst, wie du dir schnell Hilfe verschaffst und woran du einen Helfer erkennst. Achte bitte auch darauf, dass du nicht in einen Trott verfällst und Helfer ausnutzt denen etwas an dir liegt. Hab kein schlechtes Gewissen wenn du Hilfe brauchst und dir von einem Helfer helfen lässt aber werde auch nicht Faul dabei, denn das kann auch nach hinten losgehen. Woran das liegt erfährst du zu einem späteren Zeitpunkt.

Der Helfer und der Statistiker sind erwiesener Maßen am Kompatibelsten miteinander. Mit dem Künstler kann jede Beziehung gut laufen aber auch schnell enden und mit dem Unternehmer läuft es meist am wenigsten gut für den Helfer. Genauer gehe ich im Kapitel Kompatibilität darauf ein.

Charaktereigenschaften:

- Sanftmütig
- Hilfsbereit
- Lebensfroh
- Einfallsreich
- Einfühlsam
- Fromm
- Handwerklich
- Positiv
- Leicht Manipulierbar
- Organisiert
- Subdominant

Der Unternehmer

Wir wissen jetzt, dass der Helfer ein ziemlich Subdominanter Mensch ist, der Unternehmer dagegen ist das Gegenteil und der Inbegriff der Dominanz. Der Unternehmer kennt nur ein Ziel und zwar sein Ziel. Der Unternehmer geht Stur gerade aus ohne Rücksicht auf Verluste. Dabei ist ihm in der Regel egal über wieviele Leichen er auf seinem Weg gehen muss. Wichtig ist ihm nur eines, wo liegt sein Vorteil darin, wenn er um Hilfe gebeten wird. Seine Zeit ist ihm kostbar, sein Leben meist erfolgreich und wenn nicht, dann ist der Unternehmer unzufrieden mit sich und allen um ihn herum. Wer nicht seiner Meinung ist und seine Ansichten teilt ist ein Idiot, wer sich ihm in den Weg stellt ist sein Feind und nur wer ihn bewundert und ihm Nacheifert, kann vielleicht eines Tages sein Freund sein. Wer über ihm steht, der wird übertroffen bis der Unternehmer selbst die Spitze darstellt. Was auch immer seine Hände berühren, wird zu Gold gemacht. Er ist der Star seines Sportvereins und wer ihm die Show stiehlt, wird als Blender oder Möchtegern abgestempelt. Wenn er zu spät kommt, haben sich in seinen Augen die anderen bei ihm zu entschuldigen, wenn sie nicht auf ihn gewartet haben, denn er ist sich keiner Schuld bewusst. Der Unternehmer duldet keine Autorität neben sich und wenn es doch eine gibt, dann ist er erst zufrieden wenn er die alleinige Autorität für sich beansprucht hat.

Lässt der Helfer andere beim Gesellschaftsspiel gewinnen weil er möchte dass die anderen sich gut fühlen, dann will der Unternehmer um jeden Preis gewinnen und wenn er doch verliert, ist sein Tag gelaufen. Im Freundeskreis entscheidet der Unternehmer in welche Bar oder welchen Club es geht und wer wo anders hin möchte, wird kurzerhand links liegen gelassen, denn der Unternehmer weiß, was er will. Kaufst du dir Markenklamotten, lässt sich der Unternehmer seine Kleidung am liebsten, vom Chefdesigner der gleichen Marke, Maßschneidern. Jetzt hast du einen kleinen Einblick in das Leben eines Unternehmer-Typs erhalten und ich könnte dir noch tausend Beispiele nennen.

Bevor ich zu den Typischen Merkmalen des Unternehmer-Typs übergehe will ich anmerken, dass die Einzelnen vorgestellten Typen meist der Primäre-Typ eines Menschen sind. Sekundär kann ein Unternehmer auch ein Helfer sein. In anderen Lebensbereichen zum Beispiel. Jemand, dessen Typ primär ein Unternehmer ist kann bei seinen engsten Freunden und der Familie als absoluter Helfer auftreten. Schadet jemand dann seinen liebsten, kann er den Angreifer allerdings in gewohnter Unternehmer-Manier vernichten oder es zumindest versuchen. Gewinnst du einen Unternehmer zum Freund kann er dir beibringen, selbst erfolgreich zu werden, wenn du es vorher nicht warst. Zudem kommt, dass Menschen sich anhand eigener Erfahrungen von einem Primären-Typen zum anderen verändern können. Ich persönlich habe einmal einen Helfer getroffen der früher ein absoluter Unternehmer war. Arrogant und herablassend anderen gegenüber. Er erzählte mir, dass er bei einem Geschäft mit einem anderen Unternehmer-Typ über den Tisch gezogen wurde und daraufhin in einem Krankenhaus als Reinigungskraft und Hausmeister arbeiten musste, mit dem Ziel sein eigenes Geschäft wieder auf zu bauen. Eines Tages, sagte er mir, reinigte er die Herrentoiletten des Krankenhauses als er auf dem Boden ein Häufchen fand. Wütend darüber moserte er vor sich hin, wer denn so eine

Sauerei anrichten würde. In diesem Moment, erzählte er mir, ging die Toilettentür auf und ein Junger Mann, etwa im Alter seines Sohnes, ohne Beine, im Rollstuhl fuhr herein. Er hatte eine Kehrschaufel und einen Wischmop dabei und sah meinen Freund bedauernd, mit beschämten Blick an. Mit den Worten: „Es tut mir Wahnsinnig leid, ich habs nicht mehr ausgehalten und habs auch nicht mehr in die Kabine geschafft, ich wollte es gerade selbst weg machen." Entschuldigte der junge Mann sich. Seitdem, sagte er zu mir, hat er eine ganz andere Sicht auf die Dinge und hat seine Arroganz abgelegt. Dieses Schlüsselerlebnis hat ihn vom Unternehmer zum Helfer gemacht. Anders gesagt, sein ganzer Typ hat sich an diesem Tag ins genaue Gegenteil gewandelt und seitdem ist er ein Mensch der anderen Hilft statt sie für sich arbeiten zu lassen. Bitte behalte das immer im Hinterkopf.

Merkmale:

Unternehmer findet man häufig in Unternehmer-Vereinen und Exklusiven Clubs. Sie besetzen meist Führungspositionen und bewegen sich gern in der High-Society. Ein

Unternehmer lässt es sich nicht nehmen zu zeigen was er hat, anhand von Statussymbolen beispielsweise. Urlaub genießt der Unternehmer wohl lieber in 5-Sterne Hotels als in 3 Sterne-Hotels. Sofern er es sich leisten kann. An seinem Handgelenk findest du nur die teuersten Markenuhren/- Schmuckstücke die er sich mit seinen finanziellen Mitteln leisten kann aber mit Sicherheit niemals Billigartikel. Bevor er etwas Billiges kauft, kauft er lieber gar nichts. Autos gefallen ihm am besten wenn sie Luxus und Status vermitteln. Menschen die versuchen ihm ihre Sorgen und Nöte mitzuteilen wimmelt er für gewöhnlich ab. Für ihn sind sie selbst schuld, wenn sie nichts gegen ihre Probleme unternehmen, außer er sieht einen Vorteil für sich darin, ihnen zu helfen. Der Unternehmer versucht stets seine Überlegenheit unter Beweiß zu stellen, was oft dazu führt dass er Arrogant wirkt auch wenn er es nicht sein sollte. Der Unternehmer will in allem der Beste sein und ist bereit Hart dafür zu arbeiten. Spenden an Hilfsorganisationen führt der Unternehmer in der Regel nur durch um sein Image aufzupolieren oder weil er vielleicht selbst betroffener ist. Ein Unternehmer wirkt und handelt immer Zielgerichtet und zu seinem eigenen Vorteil. Die stärken des Unternehmers liegen in der Organisation und der Durchführung verschiedenster Projekte in jeder Lebenssituation. Ein Unternehmer weiß, in der Regel, wen er wie für seine Ziele einsetzt um diese auch zu erreichen. Der Unternehmer-Typ ist größtenteils ein äußerst schlechter Verlierer. Er liebt Schmeicheleien und Lob, hasst es aber dafür kritisiert oder abgewiesen zu werden. Im Idealfall rollt man ihm zu ehren einen roten Teppich aus, auch wenn er zu spät kommt oder gerade dann? Auf, aus seiner Sicht, dumme Fragen wird er stets eine abwertende Antwort geben. Geduld ist keine seiner stärken das gleicht er Allerdings mit Zielstrebigkeit wieder aus. Bevorzugte Urlaubsziele sind. Für ihn Dubai, Monaco, Las Vegas oder Miami. Überall dort wo er Luxus und andere Unternehmer-Typen findet. Freundlichkeit findet man bei ihm dort, wo es sein Ansehen erhöht. Der Unternehmer ist das Alphatier unter den Typen. Dominanz ist das Wort das ihn am besten beschreibt auch wenn sich der Wolf manches mal in den Schafspelz hüllen muss.

Der Künstler-Typ passt wohl am ehesten zum Unternehmer, auch der Statistiker kann sich mit dem Unternehmer durchaus gut befreunden, vor dem Helfer hat der Unternehmer aber meist zu wenig Respekt als dass dies eine Gesunde Verbindung wäre. Das liegt daran, dass der Künstler, dem Unternehmer seine Freiheit gewähren kann. Dies fällt den anderen beiden oft eher Schwer. Der Statistiker dagegen ist dem Unternehmer bestenfalls nützlich wenn auch unter Umständen lästig in seiner Art aber das Nützliche überwiegt meist.

Charaktereigenschaften:

- Dominant
- Zielstrebig
- Organisiert
- Arrogant
- Einnehmend bzw. Besitzergreifend
- Selbstsicher
- Überzeugend
- Kontrollierend
- Erfolgreich
- Leistungsorientiert

Der Künstler

Wie du dir an Hand des Namens vielleicht schon denken kannst, ist der Künstler, der Kreative Typ. Er gilt als Extrovertiert und Offen für alles was Spaß und Freude bereitet. Er ist der Typ, der auf einer Trauerfeier, am Tisch, die lustigen Geschichten mit dem Verstorbenen auspackt. Dort wo alles Schwarz, Weiss ist, bringt er die Farbe ins Spiel. Er ist der Party-Typ der überall die Stimmung hebt. Nur selten überkommen ihn Gefühle von Traurigkeit oder Wut. Er ist die Lebensfreude in Person, die schrille Gestalt hinter dem grauen Vorhang. Oft verleiht ihm seine Kreativität eine künstlerische Begabung die er liebt und Lebt. Langeweile ist keine Option für ihn. Wenn der Helfer einen Campingausflug macht und der Unternehmer in den Casinos von Las Vegas sein Unwesen treibt, dann brennt der Künstler gerade die wildesten Skipisten der Welt hinunter oder vertreibt sich die Zeit beim Fallschirmspringen. Durch seine Adern fließt Action und Fun zu gleichen teilen. Oft ist der Künstler auch ein Chaot. Zeitmanagement gehört nicht zu seinen stärken aber das interessiert ihn auch nicht. Für ihn gelten nur zwei Regeln. „No risk, no fun" und

„man lebt nur einmal". Sprüche die du zumeist von Künstler-Typen hören wirst.

Merkmale:

Künstler findet man überall da, wo Action, Abwechslung und Abenteuer geboten werden. Er bevorzugt wohl eher das Städtereisen. Wochenenden in Großstädten die ihm Abwechslung bieten wie Köln oder Berlin sind genau das Richtige für ihn. Aufs Land zieht es ihn nur, wenn er ein Abenteuer riecht oder sich Spontan dazu entschließt sich auf dem Land für ein oder zwei Tage zu entspannen. Länger würde er es nicht aushalten, denn Langeweile ist in seiner Welt eine Krankheit die ihn nicht einholen darf. Abends findet sich der Künstler gut gelaunt in einem Tanz-Club oder einer Diskothek ein, in der er ausgelassen feiern kann. Oft, wie oben schon beschrieben, beherrscht der Künstler tatsächlich irgendeine Form der Kunst. Dabei scheut er sich ganz und gar diese oder sich selbst auszuleben. Die meisten aller Travestie-Künstler gehören diesem Typ Mensch primär an. Auch jene, die einer Subkultur wie

Gothic oder Hip Hop offen angehören, sind meist vom Typ des Künstlers. Auch wenn erstere die Farbe Schwarz bevorzugen. Jeder zeigt für sich dass er anders ist. Das kann für die einen Abschreckend und für die anderen Anziehend wirken aber eines ist sicher, der Künstler ist ein Sympathieträger. Künstler finden sich meist in Kreativen Jobs wieder. Maler und Lackierer, Bildhauer, Mode- oder auch Webdesigner. Sie alle benötigen eine gewisse Kreativität und der Künstler hat diese von Natur aus. Auch viele Roman- oder Fantasy-Autoren und was es nicht alles gibt, sind meist primäre Künstler-Typen. Der Künstler besitzt eine ausgesprochen gut ausgeprägte Fantasie in die er sich auch leicht verlieren kann, wenn er keine anderweitige Ablenkung findet. Wenn du dich mit dem Künstler verabredest, geh davon aus, dass er sich verspätet. Eine Eigenheit des Künstlers ist es, dass er sich immer wieder selbst erfinden muss. Sei also nicht überrascht wenn er alle heilige Zeit eine andere Frisur oder Haarfarbe trägt. Wunder dich auch nicht wenn er mehr Piercings oder Tattoos als gewöhnlich hat. Auch wenn du es vielleicht mit einem Kopfschütteln kommentierst, er findet gefallen daran ein lebendes Kunstwerk zu sein oder gewisse

Ereignisse seines Lebens als Kunst auf seiner Haut zu dokumentieren. Das sind ganz nebenbei auch sichere Indikatoren für dich, dass du es mit einem Künstler zu tun hast. Der Künstler ist oft Anfällig für Werbung mit Spaßbringenden und/oder Actionreichen Produkten. Er springt mehr auf die neueste Drohne als auf die süßeste Schokolade an. Er braucht den gewissen Kick und scheut sich in keinster Weise davor, dies auch zu zugeben. Film und TV-Stars mit dem Typ des Künstlers, sprechen nicht in der Nachrichtensendung am Abend, sie sind die Helden der Film und Serienwelt, wie Telenovelas oder Fantasyreihen. Wenn der Unternehmer eine Firma gründet, der Helfer die Reinigungskraft und den Hausmeister darstellt, dann ist der Künstler derjenige der die Grafiken für die Werbung designt.

Charaktereigenschaften:

- Kreativ
- Einnehmend
- Extrovertiert
- Abenteuerlustig
- Teamfähig
- Chaotisch
- Gefühlsorientiert
- Selbstsicher
- Lebensfroh
- Tolerant
- Modebewusst
- Anpassungsfähig
- Spaßig

Der Statistiker

Den Statistiker kennst du auch unter der Bezeichnung „Besserwisser". Er ist sehr Introvertiert aber wenn er sich mit jemandem unterhält, weiß er alles besser und wenn nicht, hat er immer ein passendes Lexikon dabei. Heutzutage ist Google sein bester Freund. Häufig will er mit seinem Wissen, anderen nur weiter helfen, bemerkt dabei aber leider nicht, dass er damit seinen Mitmenschen auf den Geist geht. Wird er einmal nach Rat gefragt, leuchten seine Augen förmlich auf. Er ist ein wandelndes Lexikon und das zu recht. Weiß er einmal etwas nicht, versucht er dies mit Logik zu überspielen. Manchmal kommt es vor, dass er dadurch auch schlauer wirken will als ein Experte in diesem Bereich, was wiederum nicht selten zu einem Disput oder Streit führt. Im Großen und ganzen versucht der Statistiker jeden an seinem Wissen teilhaben zu lassen, doch nicht jeden interessiert was ihn interessiert. Diese eine kleine Sache versteht der Statistiker leider nicht. Sie ist auch die Ursache dafür, dass sich der Statistiker mehr und mehr hinter seinem Wissensdurst versteckt. Der Statistiker ist meist sehr Intelligent, dafür liegt er oft und gerne auch niedriger im EQ.

Logische Vorgänge, Fakten und Wissenschaft sind seine Komfortzone, die er auch nur ungern verlässt.

Merkmale:

Statistiker finden sich Oft in Schach- oder Wissenschaftsclubs wieder. In der Regel werden sie dort Hoch angesehen wegen ihres analytischen Denkens und ihrer Gabe, in Diskussionen, logische und gute Argumentationen zu finden. Oft findet man sie auch in Politischen Vereinigungen wieder. Sie sind in der Schule meist die Streber und Musterknaben wie man sie sich vorstellt. Später bevorzugen sie Jobs wie Politiker, Lehrer, Manager, Anwalt, Statistiker oder sie Studieren Medizinische bzw. Wissenschaftliche Fachrichtungen und werden dort auch äußerst erfolgreich. Die Lieblings-Reiseziele der Statistiker sind in der Regel geschichtsträchtige Orte wie Rom, Florenz, Paris oder die Skandinavischen Länder. Sie sind keine Partygänger wie der Künstler-Typ, ein netter Kaffeeklatsch, ein Teekränzchen bei interessanten Gesprächen oder das treffen mit freunden aus dem Buch-Club sind mehr ihr Ding. Wann immer der Statistiker sich etwas zu schulden kommen lässt, hat er gleich die passende Erklärung dazu. Nur damit jeder weiß, dass die Schuld nicht bei ihm liegt, denn es liegt ihm tatsächlich fern sich etwas zu schulden kommen zu lassen. In 95% der Fälle kann man ihm die Ausreden tatsächlich glauben, denn ein Lügner ist der Statistiker wirklich nicht. Dafür ist er zu Wahrheitsgebunden. Für ihn zählen nur Zahlen, Daten und Fakten. Auf Lügen ist er allergisch und Lügner versucht er zu meiden. In Sachen Lügner kann er sogar ziemlich giftig werden. Wer ihn belügt dem kann er nur schwer wieder verzeihen.

Am Besten versteht sich der Statistiker mit dem Helfer. Das liegt daran, dass der Helfer ein guter Zuhörer ist und wenig Widerstand gegen die Theorien des Statistikers aufbringt. Den Unternehmer dient er aus seiner Sicht als Berater ohne zu merken, dass er diesen Oft auch nervt. Mit dem Künstler kann er Am wenigsten Anfangen, diesen empfindet er als zu Chaotisch in seiner geordneten Welt.

Charaktereigenschaften:

- Zielstrebig
- Logisch
- Wissbegierig
- Besserwisserisch
- Introvertiert
- Ordentlich
- Zuverlässig
- Ehrlich
- Belehrend
- Strategisch
- Gesittet
- Leistungsorientiert

Kombinationen

Wie ich schon in einem vorherigen Kapitel
erwähnt habe, gibt es immer einen Primären
Menschen-Typ aber auch einen Sekundären.
Jeder Mensch vereint jeden Typ in sich aber zu
90% stechen 2 Typen stark hervor und formen
den Charakter des Menschen. Nur selten sind es
3 Typen oder sogar nur der eine primäre Typ. In
diesem Kapitel Arbeite ich für dich einige
Kombinationsbeispiele aus, um es dir Schließlich
leichter zu machen dies im Alltag umzusetzen.

Primär-Typ: Helfer

   - Sekundär - Unternehmer: Der Hirte

Wie der Hirte seine Schafe vor Gefahren von
außen schützt, so macht dies auch der Helfer
mit den Zügen des Unternehmers. Meist sind
das Menschen die alles für ihre Familie, Freunde
und Bekannte tun aber jeden in Grund und
Boden stampfen, der ihnen zu nahe kommt. Sie
wollen den eigenen Leuten alles mit tatkräftiger
Hilfe ermöglichen und helfen ihnen gerne, auf
ihrem Weg zum Erfolg. Sie sind schließlich
immer noch mehr Helfer als Unternehmer,

dulden aber auch keine Respektlosigkeiten von ihren Schützlingen. Immerhin verdanken sie seiner Hilfe ihren Erfolg.

- Sekundär - Künstler: Der Fahrer

Der Fahrer ist, wie der Name schon sagt, auf jeder Party der Fahrer. Er ist für jeden Spaß zu haben, liebt die Action wie der Künstler aber er ist stets gerne bereit, den anderen den Vortritt zu lassen. Er hat eine sehr positive Einstellung. Gibt es beim Skiverleih an der Skipiste nur noch ein paar Ski, überlässt er es den anderen, wenn er auch gerne selbst die Piste hinunter gesaust wäre. Das empfindet der Fahrer aber nicht als schlimm. Beim nächsten mal ist bestimmt auch ein Paar für ihn dabei.

- Sekundär - Statistiker: Der Bauleiter

Er ist für jede Hilfe zu haben und hat für jedes Problem schon eine logische Lösung, ob provisorisch oder professionell. Es gibt etwas zu tun? Der Bauliter hilft dir und weiß auch schon wie. Er erledigt jede Hilfe zuverlässig und übernimmt für dich die sorgfältige Planung dabei. Du musst also nur noch Umsetzen.

Allerdings bietet sich der Bauleiter nicht so leicht an wie der Helfer an sich. Du musst ihn schon fragen. Das liegt daran, dass in ihm zwei Introvertierte Typen sehr stark hervortreten. Wenn du ihn aber fragst und er an deiner Seite steht, kann nichts mehr schief gehen.

Primär-Typ: Unternehmer

- Sekundär - Helfer: Der Alpha-Wolf

Der Alpha-Wolf ist das Alphatier seines Rudels. Ähnlich wie beim Hirten, hilft und schützt er jene, die er Lieb gewonnen hat. Also seinem Rudel. Allerdings stellt er sich den Gefahren von außen nicht allein, sondern mobilisiert das Rudel gegen die drohende Gefahr. Ihm ist es wichtig seine Leute stark zu machen und gegen jede Hürde zu wappnen. Außenstehenden dagegen schenkt er nur soviel Achtung wie es unbedingt nötig ist.

- Sekundär - Künstler: Der Teamleiter

Der Teamleiter ist ein Karriere-Mensch. Er wirkt meist Charismatisch auf andere Menschen und seine Kreativität hilft ihm auf jedes Problem die richtige Lösung zu finden. Er genießt den Erfolg und scheut keine Mühen und Kosten den Erfolg auch mit seinem Gefolge zu feiern. Wer zu seinem Team gehört wird stets von ihm Unterstützt und Stark gemacht. Seine Motivation ist es sein Team zu stärken um selbst noch Stärker zu sein. Sollte sich aber Jemand seinem Team nicht anpassen, kann dieser schnell bei ihm in Ungnade fallen und wird schließlich links liegen gelassen, bis dieser Jemand freiwillig sein Team verlässt oder sich dem Team einfügt und spurt.

- Sekundär Statistiker: Der Cäsar

Dieser Name ist nicht unsorgfältig gewählt. Julius Cäsar war einst im Römischen-Reich ein beliebter Anführer. Der Cäsar hat alle Eigenschaften die ein guter Anführer braucht und vermischt diese mit äußerst strategischem und analysierendem Denken. Julius Cäsar wird heute noch als Großer Stratege und Anführer gesehen. Einige seiner Strategien werden auch heute noch auf den Schlachtfeldern dieser Welt praktiziert aber auch in anderen Bereichen. Ein weiteres historisches Vorbild dieser Gattung ist

Rodrigo Borgia oder auch als Papst Alexander VI. Bekannt. Er war einer der wenigen bei dem auch noch der Künstler hervortrat. Er führte seine Kämpfe innerhalb der Katholischen Kirche und Arbeitete sich so zum mächtigsten Mann der Welt vor. Mit dem Cäsar sollte man sich nicht leichtfertig anlegen. Nicht selten rennt man deshalb gegen die Wand.

Primär-Typ: Künstler

- Sekundär - Helfer: Der Coach

Der Coach ist der Motivationstrainer der Gruppe. Nicht nur dass er anderen hilft, er motiviert seine Leute regelmäßig über sich hinaus zu wachsen. Er ist der, der dich aufmuntern will egal wie schlecht es dir geht. Er zieht dich überall hin mit und zeigt dir die schönen Seiten des Lebens. Er ist sich für nichts zu schade, Hauptsache du hast genau soviel Spaß wie er. Beim Karaoke steht er als erstes auf der Bühne aber dich nimmt er mit rauf. Mit ihm wird dir nie Langweilig.

- Sekundär - Unternehmer: Der Guru

Der Guru ist meist Charismatisch und Rhetorisch bewandt. Er ist oft zu seinem Vorteil Manipulativ und sehr Besitzergreifend. Das Problem an der Sache? Seine Überzeugungskraft liegt in einem sehr hohen Bereich. Er kann Menschen dazu bringen, ihm blind zu folgen. Er ist der Typ Mensch, dem du wider besseren Wissens glaubst. Das heißt jetzt nicht immer dass er auf andere einen schlechten Einfluss ausübt. Im Gegenteil, er kann viele Menschen auf einen besseren Weg führen aber die Kehrseite kann ein dramatisches Ende nehmen. Man siehe Charles Manson. Der Guru ist in jeder Hinsicht selbstbewusst, willensstark und besitzt ein starkes Auftreten. Er scharrt meist für ihn leichte Opfer, seiner manipulativen Fähigkeiten, um sich. Er weiß in der Regel aber auch, dass er auf diese aufbauen kann und eine Art Gruppenzwang erzeugen kann.

- Sekundär - Statistiker: Der Seltene

Diese Mischung nennt sich so, da sie sehr selten vorkommt. Das liegt daran, dass sich der chaotische Künstler nur schlecht mit dem ordnungsliebenden Statistiker vereinbaren kann. Wenn es zu dieser Mischung kommt, hast du eine Person vor dir, die sehr Intelligent und Kreativ zu gleich ist. Da Vinci zum Beispiel. Ein großer Erfinder und zugleich Künstler seiner Zeit. In einem seiner Bilder hatte er beispielsweise das Fahrrad gemalt das es bis dato noch nicht gab. Er könnte also ebenso ein Künstler wie Statistiker gewesen sein, in seinem Schaffen und Tun.

Primär-Typ: Statistiker

   - Sekundär - Helfer: Der Sekretär

Der Sekretär findet sich meistens im gleichnamigen Beruf wieder. Er macht alle anfallenden Jobs seines Vorgesetzten die in seinem Kompetenzbereich liegen. Mit ihm als Freund hast du jemanden gefunden der sehr Introvertiert ist aber auch Hilfsbereit. Er ist der Getränkeholer, der Berichterstatter und er teilt alles mit dir. Er will dich als Freund halten, da er sich schwer tut neue Kontakte zu knüpfen. Er ist dein Lexikon für unterwegs und bereit, jederzeit für dich einzustehen.

- Sekundär - Unternehmer: Der Gekko

Insider wissen sofort was mit diesem Namen gemeint ist. Er ist der Gordon Gekko in seinem Bereich. Er liest Bücher, die ihn Mental stärken und behält die für ihn wichtigen Nachrichten immer im Blick. An der Börse ist er ein absolutes Ass. Im Büro weiß er sich durch zu setzen und das ohne wenn und aber. Oft gibt es nur eine Meinung, seine. Er weiß wovon er spricht und er weiß dass Wissen, Macht ist. In der Politik ist er ein Aufsteiger, sofern er eine politische Funktion in der Öffentlichkeit übernimmt. Ziele packt er äußerst bedacht und dadurch erfolgversprechend an. Er kalkuliert jeden seiner Schritte durch. Er scheut sich nicht sich stets eines besseren belehren oder weiterbilden zu lassen. Er ist eben ein Macher.

- Sekundär - Künstler: Der Seltene

Wie zuvor schon beschrieben.

Fazit:
Dies waren nur einige Beispiele die man sicherlich schon einmal erlebt oder gesehen hat. Natürlich gibt es verschiedenste Kombinationen

aber du solltest bereits in der Lage sein diese zu erkennen und zu analysieren. Am Ende dieses Buches wirst du in der Lage sein, selbst zu ermitteln, welchen Typen deine Mitmenschen angehören und wie du auf sie richtig reagierst, um sie für deinen Erfolg zu nutzen.

Kompatibilität

Du weißt bereits jetzt, dass es 4 verschiedene Grund-Menschen-Typen gibt und kennst einige kombinierte Abwandlungen dieser. Dir sollte nun Klar sein wie du einen Menschen analysierst und in die verschiedenen Typen einordnest. Jetzt zeige ich dir, welche Menschen-Typen in verschiedenen Situationen zueinander Passen und welche mit Sicherheit auf keinen grünen Zweig kommen werden.

Helfer und Unternehmer:

Status: Nicht Kompatibel

Beziehung:

In einer Liebesbeziehung wird zwischen diesen beiden Typen, wie in jeder anderen Hinsicht auch, der Unternehmer die Hosen an haben. Anfangs kann es durchaus gut laufen. Der Unternehmer pfeift und der Helfer tanzt. Auf lange Sicht jedoch ist klar, dass der Unternehmer in der Beziehung den Respekt vor dem Helfer verlieren wird. Dies wird der Helfer auch zu spüren bekommen. Auf kurz oder Lang wird es eine sehr einseitige Beziehung. Wenn es nur um eine Freundschaft geht, kommt es soweit, dass man sich schließlich im guten oder schlechten trennt oder man sich einfach aus dem Weg geht. Sollte es sich um eine Liebesbeziehung handeln, wird diese eine sehr Unglückliche und höchstwahrscheinlich unter tränen ihr Ende finden.

Beruf:

Im Beruf wird auch der Unternehmer die Oberhand haben. Egal ob beide den selben Beruflichen Rang inne haben und gleichgestellt sind oder ob eine der beiden eine höhere Position in der Firma einnimmt. Früher oder später wird der Unternehmer überhand nehmen oder sinnbildlich, die Zügel in der Hand halten. Der Unternehmer weiß wie er agieren muss um eine höhere Position als der Helfer einzunehmen oder, im Falle dessen, dass der Helfer bereits die höchste zu erreichende Position hält, ihn Mental übertrifft und abhängig von seinen Entscheidungen macht. Der Unternehmen wird auch hier früher oder später die dominante Rolle einnehmen.

Künstler und Statistiker:

Status: Nicht Kompatibel

Beziehung:

Hier treffen zwei völlig unterschiedliche Charakter aufeinander. Der eine ist von Natur aus ein Chaot und der andere liebt die Ordnung. Wenn der Künstler eine riskante Sportart vorschlägt, kennt der Statistiker schon die zahlen der jährlichen Todesfälle dieser Aktivität. Will der Künstler einen trinken mit seinem Statistiker-Partner, legt ihm dieser Broschüren der anonymen Alkoholiker auf den Tisch. Gehen die beiden gemeinsam tanzen, tanzt der Künstler, der Statistiker steht gelangweilt in der hintersten Ecke und jammert dass er nach Hause will weil er müde ist. Letztendlich wird keiner der beiden glücklich und der Künstler trennt sich vom Statistiker weil ihm dieser zu langweilig ist oder umgekehrt weil diese Beziehung keinen Sinn hat und es besser ist getrennte Wege zu gehen.

Beruf:

Im Beruf können sich die beiden unter Umständen ergänzen, werden aber auch nicht viel miteinander zu tun haben. Während der Künstler beispielsweise in der Marketing-Abteilung tätig ist und seiner kreativen Ader freien lauf lässt, wird der Statistiker mehr in der Buchhaltung oder Finanz-Abteilung tätig sein. Der Künstler wird sich leichter tun, wenn er die Werbung für das neueste Produkt ausarbeitet, während für den Statistiker die Zahlen, Daten und Fakten eine große Rolle spielen. Den Statistiker inspirieren Jahresbilanzen und die prozentual steigende Auftragsbilanz seiner Firma. Das ist seine Komfortzone. Eine Arbeit vor der es den Künstler graut.

Egal ob Helfer und Unternehmer oder Künstler und Statistiker. Diese Kombinationen werden niemals zusammen kommen und wenn, dann nur für kurze Zeit. Langfristig haben sie keine Chancen miteinander. Du kennst diese Typen aber bereits und weißt wie du sie ermittelst. Mit diesem Wissen kannst du dich, egal welcher Typ du bist, deinem Gegenüber anpassen, die richtigen Hebel in Bewegung setzen und deinen persönlichen Vorteil daraus ziehen.

Helfer und Künstler:

Status: Kompatibel

Beziehung:

Der Helfer und der Künstler gehen vielleicht nicht die Perfekte Partnerschaft miteinander ein, können allerdings unter umständen eine glückliche Beziehung führen. Beim Party machen braucht der Künstler den Helfer als Fahrer, als Chaot braucht der Künstler den Helfer als persönliche Putzfee zuhause und wenn der Künstler mal Krank ist, hat er zuhause seine ganz eigene, ihn liebende, Krankenschwester. Der Helfer fühlt sich gebraucht und der Künstler ist versorgt. Kommt es aber dazu, dass sich der Helfer ausgenutzt fühlt oder der Künstler sich in der Beziehung langweilt, kann die Beziehung auch ein schnelles Ende nehmen. Der Künstler will raus um Spaß zu haben, der Helfer will raus um anderen zu helfen. Der Helfer will es zuhause wohlig und gemütlich haben, dem Künstler dagegen ist es egal ob hier und da mal was rum liegt. Es gibt also sowohl Eigenschaften auf beiden Seiten, die gut zusammenspielen aber auch Eigenschaften die weit auseinander gehen. Entweder man wird sich einig oder nicht. Oft hilft da schon der Gang zur Eheberatung. Manchmal ist es dennoch einfach besser sich zu trennen und neu zu orientieren.

Beruf:

Im beruflichen verhält es sich fast genauso. Während der Künstler in eine kreativ ausgelegte Tätigkeit gesteckt wird, wird ihm auch gerne ein Helfer als Assistent zugeteilt. Eine sehr gute Mischung wenn der Helfer sich wohl in seiner Rolle und gut geführt fühlt. Künstler sind überwiegend Sympathie-Träger aber das macht sie nicht immer zu guten Führungskräften. Da kommt es auf seinen Sekundär-Typ an. Deshalb kann es sein, dass sich der Helfer schnell zu beschweren beginnt und es besser ist, wenn man ihn versetzt um das Betriebsklima nicht zu schädigen. Umgekehrt kann es natürlich genauso laufen.

Unternehmer und Statistiker:

Status: Kompatibel

Beziehung:

Ähnlich wie beim letzten Beispiel, verhält es sich hier. Der Unternehmer und der Statistiker können eine durchaus glückliche Beziehung miteinander führen aber abhängig vom Sekundär-Typ kann sie auch nach hinten losgehen. In der Regel weiß der Unternehmer genau was er am Statistiker hat. Wann immer der Unternehmer Fakten oder Statistiken für seinen Erfolg braucht, kann er sie bei seinem Partner erfragen und sich sicher sein, dass er eine korrekte und ausführliche Antwort erhält. Wann immer der Unternehmer etwas Wissen muss, der Statistiker findet es für ihn heraus. Umgekehrt gibt der Unternehmer, dem Statistiker Sicherheit. Das ist für den Ordnungsliebenden Statistiker eine große Sache. Da der Statistiker aber zur Eifersucht in der Beziehung neigt und zu viele „was wäre, wenn…" Gedanken hat, kann es sein, dass Missverständnisse aufkeimen und zum Beziehungsaus führen. Dies kann auch dazu

Führen, dass der Unternehmer sich eingeengt fühlt und sich von seinem Partner mit der Zeit, aus diesem Grund trennt. Auch hier gilt, der Gang zur Eheberatung kann alles retten. Vorausgesetzt, es ist nicht zu spät.

Beruf:

Im Beruflichen verhält es sich wiederum ähnlich wie beim Helfer und dem Unternehmer. Der Statistiker ist der Perfekte Sekretär oder Buchhalter für den Unternehmer und hat seltener die Ambition sich über den Unternehmer zu stellen. Dennoch ist der Statistiker bei berechtigtem Grund bereit, dem Unternehmer auf die Finger zu klopfen. Das passt dem Unternehmer nur selten aber er sollte die Warnungen eines Statistikers ernst nehmen, denn als Introvertierter Mensch, wird der Statistiker niemals ohne Grund so forsch handeln. So lange die berufliche Beziehung der beiden auf diesem Niveau stattfindet, bilden sie ein hervorragendes Team. Im Falle dessen, dass sie gleichberechtigt sind, könnte dies ein Schuss in den Ofen sein. Beide sind zwar sehr organisierte Menschen-Typen aber arbeiten auf unterschiedlichen weisen. Das kann und wird nicht selten zu erheblichen, innerbetrieblichen Konflikten führen und kann das Betriebsklima auf den Tiefpunkt ziehen.

Helfer und Statistiker:

Status: Kompatibel

Beziehung:

Diese Kreuzung passt sehr gut zusammen. Das liegt an mehreren Faktoren. Angefangen damit, dass beides eher Introvertierte Typen sind. Der Statistiker darf dem Helfer alles erklären, was er aus seiner Welt der Zahlen und Daten lernt und der Helfer hört ihm dabei gerne zu, da er weiß, dass sein Partner gerne über diese Dinge spricht. Selbst wenn der Helfer eventuell kein Wort davon versteht. Das Wissen allein, dass sich der Statistiker in diesem Moment sehr wohl fühlt, reicht dem Helfer als Grund, aufmerksam zu zuhören. Der Statistiker liebt es, wenn alles Ordentlich ist und findet im Helfer die perfekte Haushaltshilfe. Der Helfer bevorzugt es, seine Freizeit auf den Campingplätzen dieser Welt zu verbringen. Da, wo er andere Helfer treffen kann und der Statistiker froh ist, dass es keine Statistiken für Todesfälle beim Camping gibt. Da der Helfer schon kein Risikoreicher Mensch ist, finden er und der Statistiker durchaus leicht, gemeinsame Aktivitäten, bei welchen beide auf ihre kosten kommen. Hier einen Konfliktgrund zu finden ist äußerst schwer und wenn es zum Streit kommt, dann sind es leicht zu beseitigende Kleinigkeiten. Probleme kommen hier, wenn dann nur durch den Sekundär-Typ der beiden auf. Alles in allem, ein glückliches Paar.

Beruf:

Auch im Beruf sollte es keine Konflikte geben. Der Statistiker stellt Verbesserungsvorschläge auf und der Helfer setzt sie einfach um. Beide sind damit glücklich, denn der Statistiker wurde so gewürdigt, was ihm schon reicht und der Helfer konnte dem Statistiker so, ein gutes Gefühl vermitteln, was ihn wiederum glücklich macht. Ein Besseres Duo kann es so gesehen nicht geben.

Unternehmer und Künstler:

Status: Kompatibel

Beziehung:

Auch hier Prophezeie ich eine glückliche
Beziehung. Vielleicht nicht die Klassische
Beziehung wie in vorherigen Beispielen,
allerdings glücklich. Wenn der Unternehmer
nach Las Vegas fliegt, berauscht sich der
Künstler am Ballermann. Während der
Unternehmer neue Kontakte in der Bar knüpft,
dient ihm der Künstler eventuell als Eisbrecher
und während der Unternehmer ein
geschäftliches Gespräch mit dem Mann des
Gästepaares zuhause beginnt, unterhält der
Künstler dessen Frau. Sie ergänzen sich also
beide als extrovertierte Menschen. Ein weiterer
Vorteil ist, dass beide ihre Freiheit lieben und
genießen. Demnach sind beide in der Lage dem
jeweils anderen seine Freiheit zu gönnen.

Beruf:

Im Beruflichen ist es ein wenig anders. Es gibt
nur selten Konfliktpotential, da beide genau

wissen, was sie zu tun haben. Wie vorher schon erwähnt, wird sich der Künstler im kreativen Bereich der Firma wiederfinden. Das liegt ihm am meisten und dort wird er sich am wohlsten fühlen. Er ist derjenige, der sich um die Promotion und die Gestaltung der Werbebanner kümmert. Wenn er das selbe Wissen hat, wie du jetzt, wird er seiner Tätigkeit noch gerechter werden. Der Unternehmer dagegen ist derjenige, der die Werbekampagnen des Künstlers schließlich an entsprechende Werbeagenturen weiterleitet und die Werbebanner aufhängt.

Dies sind allerdings alles nur Beispiele wenn Primär-Typen eine Beziehung miteinander eingehen. Die Sekundär-Typen können alles ein wenig verändern. Nur als kleine Anmerkung für dich.

Die 2 Kategorien

Jeder Menschen-Typ lässt sich in eine von zwei Kategorien einteilen. Das soll es dir erleichtern deine Mitmenschen noch einfacher einzuordnen. Die Kategorien beziehen sich wieder allein auf die 4 Primär-Typen. Keine Sorge, das ganze Thema um die beiden Kategorien von Menschen vertieft sich noch einmal im nächsten Kapitel. Dem sogenannten „Yin & Yang – Prinzip". Der Grundpfeiler dafür befindet sich aber in den beiden Kategorien, die ich dir hier vorstelle. Wie du bestimmt schon bemerkt hast, gibt es je 2 introvertierte Typen und extrovertierte Typen. Das liegt daran, dass der Typ nunmal so ist, die Kategorien dagegen teilen sich in „Rational" und „Irrational". Vielleicht kannst du dir ja schon denken welche Typen, in welche Kategorie passen?

Beginnen wir also mit der ersten Kategorie. Den rationalen Menschen. Ein rationaler Mensch verlässt sich stets auf zuverlässige Quellen. In erster Linie auf seine eigenen Sinne. Sehen, hören, schmecken, tasten und fühlen. Er lässt sich nicht von seinen Gefühlen leiten, sondern von seiner eigenen Logik. Zahlen, Daten und Fakten sind wichtige Quellen auf die er sich verlassen kann. Wenn ein Prophet sagt, dass ein Komet auf die Erde herabstürzen wird, glaubt er diesem kein Wort. Sollte allerdings ein Wissenschaftsmagazin dies behaupten, dann macht er sich Sorgen. Verlässliche Quellen sind für den rationalen Menschen wichtig. Das einzige woran er glaubt ist Ursache und Wirkung. Ein logischer Vorgang. Nicht im Sinne von Karma, nach dem Motto: „Was du mir tust, passiert dir irgendwann auch einmal in dreifacher Ausführung." Nein! es müssen handfeste Fakten vorliegen. Wahrsagerei tut er als Aberglauben ab, versteht aber im Gegenzug das Prinzip, dass, wenn er einen Stock weiter oben in den Fluss wirft, der Stock ihn weiter unten wieder einholt. Ich denke du weißt jetzt welche Menschen-Typen gemeint sind. Richtig, der Unternehmer und der Statistiker.

Die zweite Kategorie ist die Irrationale. Irrationale Menschen finden sich oft in spirituellen und esoterischen Kreisen wieder. Sie glauben an Dinge, die nicht unbedingt immer erklärbar sind. Das kann an der Erziehung, persönlichen Erfahrungen oder an manipulativen Einflüssen liegen. Anhand ihres Glaubens neigen diese Typen meist nicht zur Gewalt. Sie setzen auf andere Mittel. Beispielsweise Karma, Magie, Vergebung oder ausgleichende Gerechtigkeit durch Gott, was auch wieder dem Karma-Prinzip folgt. Sie sind meist Hilfsbereit aus gründen der Nächstenliebe oder im Namen ihrer Religion beziehungsweise ihrer Glaubensgemeinschaft und leben meist Fromm und mit Lebensfreude. Sie ehren ihre Feiertage und befolgen gewisse Rituale. Sie greifen auch lieber zu Natürlicher oder Alternativer Medizin als zu Wissenschaftlichen unserer Zeit und wenn es nur Tee aus Heilpflanzen ist. Diese Menschen arbeiten aber auch viel häufiger an sich selbst und versuchen ein Vorbild in ihrer Lebensweise zu sein. Sie versuchen bewusst oder unbewusst Konflikte aus dem Weg zu gehen und wenn sie doch in einen geraten, dann sehen sie diesen als Herausforderung oder Prüfung an und stellen sich dem Konflikt. Typisch Helfer und Künstler eben.

Mehr gibt es zu diesen Themen nicht zu sagen. Wenn du jetzt denkst, dass du einen Künstler kennst, den du für durchaus Rational hältst oder einen Unternehmer, der Regelmäßig die Kirche besucht und ein frommes Leben anstrebt, dann sage ich dir: Genau! Du hast Recht! Das gibt es auch. Man darf nicht vergessen dass fast jeder Mensch einen sekundär hervorragenden Typ besitzt und der kann alles verändern. Ich denke nicht dass Charles Manson ein Rational denkender Mensch war, auch wenn er vorrangig ein Unternehmer war. Ich denke auch nicht das Papst Alexander VI. ein Irrationaler Mensch war, auch wenn er das Oberhaupt einer ganzen Religion geworden ist. Deshalb kommen wir jetzt zum nächsten Kapitel, dem Yin & Yang – Prinzip.

Yin & Yang – Prinzip

Wie jeder sicherlich weiß, besteht das Yin und Yang Zeichen aus einem in der Mitte getrennten Kreis, dessen eine Seite Weiss mit einem schwarzen Punkt und dessen andere Seite Schwarz mit einem weissen Punkt ist. Wer sich damit schon einmal beschäftigt hat, weiß auch, dass der tiefere Sinn dahinter der ist, dass jede Seite für sich selbst steht aber einen Hauch der anderen Seite in sich trägt. So kommt es oft auch dazu, dass ein Unternehmer im Irrationalen Bereich landet. Aufgrund von Erfahrungen die er zuvor in seinem Leben gemacht hat zum Beispiel. Einem Statistiker kann es genauso ergehen und seine Logik kann gewisse Schlüsse ziehen, die für niemand anderen nachvollziehbar sind. Es muss also nicht unbedingt am Sekundär-Typ liegen, dass jemand, trotz seines Typs, in die andere Kategorie fällt. Es kann ganz einfach der Fall sein, dass aus Gründen der Ereignisse die zuvor geschahen, ein Mensch beginnt andere Logische Schlüsse zu ziehen und neue Perspektiven zu entdecken. Natürlich kann es auch am Sekundär-Typ des Menschen liegen, dass er in eine andere Kategorie fällt und das

Yin und Yang – Prinzip greift. Frage dich also stets warum, bevor du Pauschalisierst. Ein Statistiker kann dir demnach also gerade erzählen warum es keine Götter geben kann, doch im nächsten Moment von Spukorten vorschwärmen, weil er einmal einen Geist sehen will. Frage ihn bei der Gelegenheit doch mal warum er nicht an Gott aber an Geister glaubt. Das kann dir Aufschluss darüber geben, wie er als rationaler Mensch in die Irrationale Kategorie gerutscht ist. Umgekehrt funktioniert es genauso. Ein Helfer der gestern noch einer Hilfsorganisation der Kirche angehörte, könnte von Heute auf Morgen aus der Kirche austreten. Der Grund dafür kann ein Vorfall sein, bei dem er auf Gottes Hilfe oder die Hilfe der Kirche gehofft hatte und er sich im Stich gelassen fühlt. Das sind nur zwei Beispiele von vielen.
Du siehst, dass es eigentlich ganz einfach ist und sich auf jeden Bereich des Lebens beziehen lässt. Merk dir einfach, dass ein rationaler Mensch stets Beweise braucht und ein irrationaler Mensch auch an unerklärliche Dinge glaubt. Frage dich doch in welche Kategorie du dich einordnen würdest und bedenke dabei dass du dich nicht selbst belügen kannst für den Fall,

dass dir die Antwort nicht gefällt. Du weißt schließlich immer am besten wer du bist.

Der Nutzen

Du bist jetzt schon so ziemlich am Ende des Buches angelangt. Ich denke, du hast dir einige Notizen für dich gemacht und bist bereits dabei zu analysieren, wer in deinem Freundes- und Bekanntenkreis, welchem Typ angehört. Du weißt jetzt wie du sie lesen und einordnen kannst. Ich denke auch, dass du dieses Wissen zu deinem Vorteil in Sachen Liebe und Beruf anwenden wirst. Vielleicht bist du ja sogar jetzt schon dabei dieses Wissen umzusetzen. In der Liebe kann es dir Helfen den perfekten Partner für dich zu finden oder den Umgang mit deinem Partner zu erleichtern. Du weißt jetzt schließlich wer dein Partner ist und verstehst auch warum er sich verhält, wie er sich verhält.
Im Beruf weißt du jetzt auch warum manche Menschen für diese oder jene Position Prädestiniert ist und andere sich in der selben Position unwohl oder fehl am Platz fühlen. Wenn du selbst der Arbeitgeber bist, kannst du mit Hilfe dieses Wissens deine Mitarbeiter besser koordinieren und Werbung für dein Unternehmen so platzieren, dass es die entsprechende Zielgruppe auch wirklich anspricht und deinen Umsatz künftig steigert.

Im Umgang mit Kunden wirst du dich künftig leichter tun. Du bist jetzt immerhin in der Lage deine Kunden richtig zu kategorisieren und verstehst besser, was deine Kunden sich wünschen und erwarten.

Vielleicht gönnst du dieses Wissen auch deinen Mitmenschen und empfiehlst ihnen diesen Ratgeber weiter, sodass auch sie sich in Zukunft leichter im richtigen Umgang mit anderen Menschen tun. Ich denke sie würden es dir danken.

Ich danke dir jedenfalls, dass du dich für dieses Buch entschieden hast und freue mich, dass du zu diesen Menschen gehörst, die sich stets weiterbilden und an sich arbeiten möchten. In diesem Sinne, viel erfolg für dein weiteres Leben und in allem was du tust.

© 2022 Sascha Linde
Herstellung und Verlag: BoD – Books on
Demand, Norderstedt
ISBN: 9783756232536